LEGAL ALIENS:
FROM HOLLAND TO AMERICA IN 12 COLUMNS

Entertaining experiences of a family relocating from the Netherlands to the United States of America with some perspective on cultural differences.

Mariëtte Boerstoel - Streefland

Boonton, New Jersey 2011

Front Page Picture Courtesy of Peter Sorantin
More information: www.boerstoel-streefland.com

ISBN: 978-1-105-15455-3

Voor Max, Leo, Felix, Paul

Differences challenge assumptions.

Anne Wilson Schaef

~

Diversity is not about how we differ.
Diversity is about embracing one
another's uniqueness.

Ola Joseph

~

Dankwoord

Heel veel dank gaat uit naar mijn echtgenoot Albert die met erg veel geduld en zorg een enorme bijdrage heeft geleverd aan dit boekje. Niet alleen heeft hij ten tijde van het schrijven van de oorspronkelijke stukjes mij voortdurend geadviseerd, stukjes geredigeerd en 'opgeleukt'. Ook is hij, toen ik recentelijk het idee kreeg om deze stukjes te bundelen en publiceren, opnieuw in de rol van mijn adviseur en kritische editor gestapt, met name voor de Engelse vertaling van de oorspronkelijk Nederlandse stukjes.

Dank je Albert, voor je eeuwige geduld en toewijding (en je uitstekende editing capaciteiten in beide talen)!

For Max, Leo, Felix, Paul

Differences challenge assumptions.

Anne Wilson Schaef

~

Diversity is not about how we differ.
Diversity is about embracing one
another's uniqueness.

Ola Joseph

~

Acknowledgements

Many thanks go to my husband who, with endless patience and care, has provided a significant contribution to this book. Not only did he always give advice, he also edited and enhanced the columns at the time they were originally written. In addition, when I recently got the idea to bundle and publish these columns, he again took the role of my advisor and critical editor, especially with respect to the English translation for the originally Dutch columns.

Thank you Albert, for your eternal patience and commitment (and strong editorial capabilities in both languages)!

Table of Contents

Introduction

If you had told me ten years ago I would at some point live and work in the US, I would have had a good, hard laugh and said, "No way!". But life is full of surprises.....

In 2001 the company I worked for at that time requested us to move to the US because of a relocation of its headquarters from the Netherlands to New Jersey. After the intitial (and considerable) reluctance we decided to embark on this adventure. In the summer of 2002 we made the transition and arrived in the US with our small children (four boys, at that time eight, six, four and two years old).

This book is a combination of a series of columns I wrote on request of the editors of the company's monthly journal to 'give an idea to those staying behind'. It certainly is not intended to be a comprehensive description of all our experiences, but instead contains short entertaining sketches about our surprise on certain situations we encountered. The transition from one civilized, western country to another turned out be a bigger culture shock than we had anticipated.

This little book is interesting and entertaining for those who have either gone through a similar transition themselves or plan to do so, or who have friends, family or acquaintances who find themselves in a similar situation.

The book has a Dutch and an English side, so that it is suitable for readers on either side of the ocean.

1. 'Almost Done'

This is how our youngest son (two years old) would summarize the situation. He makes this statement whenever there is something he doesn't like, but does know that things will get better afterwards (washing hair, changing diapers, that kind of stuff).

In 12 days we'll be facing our new lives. We only have to sell our house, the cars and the motorcycle as well as everything that has an electrical cord attached to it (not much use for 220V in a 110V country). And then all that's left is to stuff all of our belongings - or rather have it stuffed - into a container and survive with four children without 'stuff'. After a last night of sleeping on the floor in an empty house we are finally off. With six people and 18 (yes, eighteen!) suitcases in the taxi (more like a tour bus) we head to Schiphol airport for a fun trip; that should be an interesting experience. The children are really looking forward to the trip; however we are not as thrilled. There is always at least one with a full bladder, a smelly diaper, one who is hungry, who tips over his cola soiling at least one other family member in the effort to rescue it, one who comments a bit too audibly - and uninhibitedly - on other travelers and so on and so forth: nice!! But after that.... the 'promised land'! For the time being there is not much of the promised house, since the household wares will be in transit for a couple of weeks. Summer vacation 2002: Basic camping in the homestead.

The advantage of this undertaking is that it gives us instantaneous fame for free. To get one's family picture and cover story on the front page of the regional newspaper usually requires quite an accomplishment – positive or negative. But maybe this is our 'compensation' for the massive administrative hassle we had to go through to get ourselves bank accounts, mortgages, phone lines, insurance, schools. And then of course we all have to be vaccinated according to the American rules which, naturally, are different from the Dutch ones. That means, oh joy, a trip to the local health center to get our shots. Also, an incredible amount of paperwork has to be filled out for each child. This makes us realize what bad parents we actually are: when actually was that first step again, the first word, the first sentence? All of a sudden, all our boys are remarkably average, textbook examples.

To the boys, the idea of permanently leaving remains very abstract. Their idea is more one of an extended vacation. So they are constantly asking if this or that toy can come with them to America. Upon the response, "Of course, we are taking everything with us!" they look at us as if we have lost it and proceed to ask whether we are taking the toilet bowl and the ceiling as well. And once we're done in America everything will go back with us, won't it....? However, will we ever really be done there?

And so: Almost done.

2. Just a Minute

Waiting is an art, and patience a virtue.
However, contrary to the image we have, it
turns out that we Dutch definitely can't
cope with this as well as Americans.

First there was our arrival in the 'promised
land', at immigration at Newark Airport. Not
unlike the rides at amusement parks there
was a seemingly endless zigzagging lane of
poles and tape, with ladies in uniforms
yelling obvious directions. Of course the
kids take the shortest route underneath all
the tape. But unfortunatley that doesn't
work, they are ordered back and we have to
wait patiently until we finally get to one of
the many booths and again have to wait for
a long time and watch a lot of stamps and
scribbles being put in all six passports by a
rather stern official.

We had to stay in the hotel for 14 days
(instead of the 'a few at most') before the

air-freight arrived with the survival package we needed to camp out in our completely empty new house. And after that there was the very long wait for our sea container. "Where are my toys now?", "When is the Lego coming?" *This* waiting however was rather relaxed, if you have very few items there is very little to worry about (organizing, cleaning), and the food choices are also quite straightforward: lots of fast-food, much to the enjoyment of the kids.

We were grateful when, after a month, an enormous tractor-trailer with our container manoevred the corner of our driveway with great difficulty and our items arrived, although not all of them in their original state. Still, we periodically will long, with some nostalgia, for that simple, easy life with just six sleeping bags, six plates, six knifes and forks, six cups and one frying pan. How luxury can be a burden.....

The ultimate waiting however, we have not yet accomplished. With our Dutch/international drivers licence we can drive around for a year or so, but only when you have a New Jersey license, you become a 'real person' here. For identification purposes a driver's license is far more important than even your passport. In hindsight even we ourselves think we were a little naive when we took our four little boys to the Department of Motor Vehicles to 'pick up' this drivers licence. The reality started to dawn on us when we turned into the overflowing parking lot. Things became even more apparent when we approached the building. The queue was outside, around the corner, around a second corner to end at the back of the building (and it was not a small one). Finally, about an hour and a half later, we managed to get inside where we observed a silent and utterly bored mass of people standing, sitting and slouching. Despite very obviously manned booths, there was remarkably little progress. To find out what we were supposed to do we managed to revive some from their seemingly subconscious state. It gradually became clear to us: row number one is to get a number, which subsequently allows you to wait forever at one of the booths. But not today. Had we been here by 6:30 a.m. at the latest to queue up we might have had *a chance* to be let into the building by 8:00 a.m. and be handled that day. In my typical Dutch manner I started to call out that this was ridiculous, 'unaccpetable' and that I refused to submit myself to something like this, until my husband subtly nudged me and noted that if I still wanted to drive around in New Jersey next year..... But really, this kind of waiting I cannot stomach yet. Maybe I really have to 'Americanize' a bit more in the next few months....

3. Consume!

Although rather a cliché, it is really true. Consumption is very important here in the US. The shops are enormous, the choices overwhelming.

The portions are also significantly bigger. On top of that everything has to be tasty and luxurious. The sandwiches flabbergasted us; the 'bread-to-meat ratio' is approximately the reverse of what we are used to in Holland. The amount of meat on one single sandwich is about a week's ration for an average Dutch family.

And then school lunches. There is no such concept as a simple sandwich for lunch. The newspapers and school flyers are filled with tips about healthy eating at school: whole grain cookies instead of chocolate chip, candy with vitamin C, chips with 30% less fat etc. In school one can sign up for school milk (can be chocolate milk), but also for school ice-cream. In the latter case your kids get an ice-cream every day! So you can guess which option is most popular.

After the first few days in school our kids shared their amazement about what their classmates brought in for lunch. No, no sandwiches, but instead chips, cookies, popcorn, chocolate and a lot of very sweet drinks. The biggest frustration was that by lunch time Max's already sparse cheese sandwich was soaked with lukewarm milk leaking from his Dutch school mug with a leaky lid.

Some useful (and to me remarkable) diet tips from the newspaper:

- If you feel like hotdogs, take just one (not having a hotdog is obviously not an option).
- Eat slowly; try to stretch your meal to 15 or 20 minutes (!). (Suddenly we understand why the waitresses try to stare us out of the restaurant and seem to be annoyed with us taking our (Dutch) time to eat our meal).

And then the idea that drinking a lot of water is healthy has been very successfully promoted. The average person here in the US is sipping on something constantly; everybody is dragging a bottle of spring water with them, on the street, in the car, in the office, while shopping at the mall, everywhere. And if it isn't spring water, then it is weak coffee in a Styrofoam cup, with one of those convenient lids. It bears some resemblance to those baby cups that even our little ones have outgrown by now.

Consumption is also encouraged in other ways. Thou shalt buy, whether or not you have money in your wallet. Every store strongly encourages you to sign up for the store credit card with promises of rewards and considerable savings. If you don't resist this temptation your wallet fills up quickly and easily with ten or more of these credit cards (and your bank account depletes accordingly).

It isn't very rewarding to have money in the bank anyway; the interest on a savings account is pretty minimal. The standard here is to buy with credit, and to pay it off in a year or so (with interest, which *is* normal, but people seem to overlook this).

One big advantage of this consumerism is that shops are virtually always open, long after office hours, on Sundays, on Holidays (with a few exceptions). Our local supermarket is open 24/7, so if we suffer from insomnia and suddenly crave a donut or a bag of chips, no problem!

4. I feel good!

But why? I've been wondering about that for a while, and all of a sudden it occurred to me. One's ego gets significant boosts here. People give each other far more compliments and pats on the back. Everybody always has something nice to say to someone else. The equivalent of the Dutch question, "New top?" here in the US is, "Oh darling, you look absolutely gorgeous!" But it really does feel good, especially with my still Dutch frame of reference.

And if the stream of compliments (in Holland it would almost be considered brown-nosing) temporarily dries up, well then you just do it yourself. There doesn't seem to be too much modesty or humility, and definitely not the typical Dutch attitude of 'doe maar gewoon dan doe je al gek genoeg' (loosely translated, 'acting normal is quite good enough'). Instead, you're told from all sides that you can be, even should be, proud of yourself. Consequently also job resumes are 'fatter' in more than one way and filled with terms like 'achieved' and 'accomplished', terms that do not really fly in Holland, where modesty is considered a virtue.

Here in the US however, such an attitude is instilled from the very beginning. Recently, our son Leo (first grade), to his own surprise, made it to the 'Wall of Fame' at school. Unbeknownst to us this turned out to be nothing more than a bulletin board with a few more accomplished arts and craft projects. Still, it feels good....

At fairly random moments people, - total strangers sometimes - proudly tell you whenever they get a chance (at the cash register, on the parking lot, at school) why their family or especially their kids are so special. Another interesting phenomenon is the bumper stickers. An example is 'Proud Parent of an Honor Student'. Could we really drive around like that in NL without being ridiculed and having the sticker 'adjusted' with a Sharpie?

And if you happen to have an episode where you're not that happy with yourself, there is a cure for that as well. In a magazine I recently saw an ad for 'Ego boosters'. You buy them for yourself and I imagine you sit and stare at that with a cup of coffee in your hand (they did not provide the manual in the advertisement). These are little statues, trinkets with inscriptions like, "You're great!", "You're the best!", "Everybody loves you!" etc.; some kind of feel-good-voodoo.

And then finally there is of course the collective and virtually unconditional pride for the country. It is fairly dominant, with an enormous amount of American flags (compared to what we are used to) and the national anthem sung at all public occasions, even school games. To each culture their own. And yet, after a while it feels normal and now we actually appreciate it. All those flags? Looks very upbeat...

God Bless America.

5. A Quick Call

When I recently suggested to an administrative assistant that she might be better off ordering a headset to prevent her neck from growing crooked caused by all the calling she does, she looked at me like I was from a different planet. I just realized however that virtually everybody could use such a device. A quick call is kind of natural to everyone here, people are much more proficient in communications over the phone; everybody on the other end of the line is business like, friendly and polite. They ask for your first name that they subsequently use extensively in the conversation.

Also pretty nice is that you never call in vain, day or night. That doesn't necessarily mean you get to speak to an actual person, nine out of ten instances it is a voicemail or worse, a voice response system you get sucked into and from which it is hard to escape.

Because virtually everybody has voice mail, you develop a certain flair to dump a brief message after the beep, upon which quite often you get called back within the minute. Well, these 'short messages' I get on my voice mail (yes, I'm in on it too), are quite often endless monologues, including executive summaries at the end. Even with voice mail 'a quick call' is not a reality.

And if you've worked your way through the voice response system and you are actually 'going live' (i.e. will be connected to a real person) you first hear a message stating that 'This call may be recorded for quality reasons'. Subsequently you get to speak to a usually very friendly person that quickly rambles off a bunch of standard sentences about the company and how much they appreciate you as a customer. It is actually not unlike the nursery rhymes children sometimes bring home from school (although the English is considerably faster). Standard advice is also issued very rapidly. True listening is a slightly less developed skill. If you manage to get through to them with your real question or issue, quite often, after a pause, the ultimate solution is provided: connect to the next level person in the phone helpdesk. This allows for going around in circles. Depending on your mood this can either cause a laughing fit or heartburn.

My ultimate experience in this respect was with our phone company. The conversation started with: 'My name is.... and my goal today is to provide you with outstanding service'. After at least 15 minutes of a not so pleasant discussion the service rep concluded with repeating 'the goal' and the question whether or not it was achieved. I did not have the courage yet to give her a blunt Dutch 'no' for an answer.

6. Health for Sale

Something that keeps surprising me is how medical jargon and the most horrific diseases fly by in cheerful radio or TV commercials.

The worst ones go like: "My daughter just turned seven and she wants to become a ballerina, astronaut, medical doctor.... She means everything to me.... and she has cancer". All of a sudden, in between a few songs, flat in your face. Subsequently a sympathetic female voice explains how critical it is where your child gets its first treatment. "So come to Newbay's Children's Hospital*" ... for the best care, anywhere. If you don't you withhold your precious his/her best chance ......". And then seamlessly on to the next happy pop song or a commercial for new cornflakes with colorful Harry Potter shapes.

Another really nice one: "Cancer and cardiovascular diseases can be detected early with good screening. But do you know how many cancers are being missed in screening using conventional devices? Up to 40%! The Cyclotron X* however detects 99% of these nasty things. Don't you want that too? So, call us and book your scan with Cyclotron_X. Call now, and you will get the second scan for half price. That is something you don't want to deny yourself and your loved ones?". The ultimate family outing: a fun afternoon of scanning!

Idea for the marketing department? A pathetic young woman: "I felt lousy, weak, sick, and miserable. I was young, but had to give up more and more of my daily activities. My sports, hobbies, and friends and ultimately even my school.... until I found Cancerpharm*. Cancerpharm has saved my life. I can do all I want again. Their great CanStop* has allowed me to beat my cancer. Thank you Cancerpharm!".

And how about this one "More than 100 pounds overweight? Are you sick and tired of all the dieting that doesn't work anyway? Don't despair, but come to West-Life Hospital*, for a bypass surgery. We have the most experience with this procedure in the tri-state area and, best of all: wait loss is guaranteed, without cumbersome diets. The ideal solution! Schedule an appointment now and just have it done!"

Besides the above examples there are the 'normal' commercials for drugs with details and terms about illnesses that make me really wonder how appropriate and useful they are for the average person. To me "Divorce for just $299" seems a lot more useful... But maybe I listen too critically to these ads, and they're supposed to be part of the cozy 'wallpaper' that all radio and TV here seems to be.

* *In order to prevent legal actions all names are fictitious.*

7. Happy Holidays

We are in the midst of the Holiday craze.

Halloween was very sweet and good, but the meaning of all those pumpkins, spiders, witches, and skeletons is hard to figure out and still escapes me. Children go trick or treating 'en masse', door-to-door and are getting a treat by default. This results in a lot of candy, in our case four times a lot = an incredible lot that we were certainly not prepared for... Our youngest (two and a half years old) figured it out quickly, after visiting just a few houses: stay put with an expectant happy big smile. That almost automatically results in people continuing to put candy in your basket.

We just managed ourselves through Thanksgiving. This is about coziness and gathering with as many family members as possible and a lot of traditional food. For the sake of our integration we felt we'd better give it a try. The turkey is a 'must' and stuffing is the magic word. Our beast - free from the local supermarket because of good spending habits there - was appallingly big, fat and pale. For days the ugly 20 pounder was sitting prominently in our refrigerator to thaw between the jam and butter. Fortunately we got a lot of good advice from our American friends, who found it quite amusing that we didn't have a clue what to do with the animal. And so we learned that first something has to be taken out (an ugly package of the neck and some of the intestines), and then something has to be put back in (the stuffing), all of it distinctly appetizing. I cleverly delegated the whole endeavor. But we did it! We managed to serve the traditional Thanksgiving dinner (and had turkey sandwiches, turkey salad, turkey soup etc. for weeks afterwards).

The day after Thanksgiving, with the turkey barely digested, all of America charges happily into 'Black Friday'. This is another phenomenon that surprised us. Starting at five o'clock (yes, a.m.!!!), a massive and collective bargain hunt commences. Many do their Christmas shopping, others buy long longed for items, and I suspect quite a few buy stuff they don't really need just because it is such a bargain...

That same Friday also releases any inhibitions people might feel with respect to Christmas decorations. An inordinate amount of time, money and energy is being put into an unbelievable amount (to us Dutch, i.e.) of lights, trinkets, lighted figures etc. But it *is* very pretty. And so we succumbed to the hype and also purchased a couple of strings and lights, all for the sake of integrating, right? With amazement and expectation we're waiting to see what Christmas will bring us. We don't want to think about Christmas dinner yet though.

A rather disconcerting article in the newspaper mentioned that the Holiday events, decorations and obligations can get to you. Apparently the average weight increase between Thanksgiving and New Year is 10 lbs. Also, in this period approximately five million tons (!) of extra (!!!) garbage is produced. Financially things are tough as well. On average about $1,000 per person is being spent on presents. And then it takes the average family about six months to pay off their credit card debt. Usually with another credit card. Saving is not really an option.

As far as the Holidays go I think we will go for somewhat selective integration...

8. Fitless

If you are in any way conscious about your body, then you have to 'work out', or at least talk about it seriously. It is therefore a must to become a member of a fitness club. The first experience upon entering such a facility is slightly unrealistic: a silent gathering of apparently mindless figures, staring vaguely ahead and working out more or less vigorously. There is no other sound than the buzzing of the machines. It doesn't look at all appealing and not very cozy either. A wall-to-wall row of TV screens kind of explains the vague disconnectedness, and the connected headphones are not really conducive to a nice little chat with your fellow 'working-outer'.

Our club by the way is open daily as of 4:30 (a.m.!). Once, I was courageous enough to get up extra early to join an aerobics class at 6:00 a.m. Getting out of the car, I was still yawning and wondering what on earth I was doing here, when I realized that the parking lot was full. And it is a big lot! 'Everybody' tries - more or less successfully – to burn some calories and/or build some muscle before going to work.

Apart from the giant fitness clubs where the somewhat more athletic looking residents are usually working their bodies there is also a vibrant domestic scene. Most American households we visited have one or more of those sado-masochistic looking contraptions in their basement, usually across from a large TV screen. During our house hunting it already struck us that there seems to be a relationship between the number and/or size of the fitness machines in a home and the size of its inhabitants (good intentions maybe, New Year's resolutions?).

One of the resolutions we agreed upon during our efforts to find and purchase the right house was not to give in to this kind of hypocrisy ourselves. We were not going to fill our basement with expensive machinery while lounging on the couch upstairs with hamburgers, hot dogs, popcorn, and coke.

But, you know, one has to adjust and integrate, right? And then we saw this bargain, a used (but like new) treadmill. It really comes in quite handy to stay somewhat active on cold and dark winter nights.

Meanwhile we have to admit that those hamburgers and hotdogs are actually pretty good and convenient. And those sodas? They're mostly diet and caffeine free and popcorn is predominantly air, so that doesn't really count either. And our new couch is very cozy and quite conveniently located in front of our new big screen TV.

One of these days I really have to go down the stairs to the basement to check if in the meantime our treadmill hasn't secretly gathered a small layer of dust...

9. First Aid Panic

In the summer, freshly arrived here, we actually got a pre-warning for what we were to encounter later. IKEA was supposed to provide us with some contemporary, no-frills, non-traditional furniture. With our Dutch attitude we forewent the elevator and took the stairs to the second floor. A woman (possibly not very used to the strain of climbing) had apparently missed a step or slipped. Either way she lay sprawled on the stairs, a very obvious and serious victim. I didn't see any blood, foam on the mouth, rolling eyes or unnaturally positioned limbs, so in my (medical) opinion things looked pretty much ok. However, there was some serious crowding and much to-do. Poles, tape and signs were set up (you know, like road construction or a crime scene) to keep us away from the place of the accident (resulting in a serious back-up on the stairways). The store manager came running red-faced to the scene with a stack of papers and forms that needed to be filled out, probably to arrange something with liability, we assumed...

Until recently we have been spared this type of panic. But our sons regularly return home with big band-aids on tiny scrapes. Every little fall, bump or scrape at school is instantly 'punished' (or rewarded, depending on your point of view) by a trip to the school nurse (full time available at school), who very professionally applies an in our eyes often unnecessary bandage.

Recently however it happened to us: First Aid Panic. Paul, our youngest (two years old) decided to stand up in the shopping cart and fell backwards (inside the cart) just out of reach of his vainly grabbing dad. And there it was, a fully developed drama: little boy, loudly crying with blood in his white blond hair. Quite the scene. Who to blame? Don't these carts carry way too much resemblance with monkey bars? Shouldn't there have been clearer warning signs that they are not meant for recreational climbing but that naughty little boys may attempt to do so anyway? Really, this was the last thing on our mind to worry about, but equally obviously the shop's top concern. For us, after stopping the bleeding and soothing Paul everything was over and done with. But that would have been too easy. Nervous store employees and patrons came from all sides, all shouting the obvious, "He's bleeding!" (this was more traumatizing for our little Paul than the entire accident itself). At last the alarmed store manager came rushing to the scene, and sure enough, there was the stack of forms, a voucher (!) for the local pediatrician and did we want to file a claim? Well, no, not really, maybe just a sip of water for the boy and then check out the groceries please? No, no, that was a bit too simple. Shouldn't they call an ambulance? Daddy Albert saw the situation spinning out of control at an alarming pace and in utter despair finally shouted - stretching the truth a little -, "People, please! I'm a doctor and very capable of taking care of this, so...!" Fortunately it worked this time, but this episode made us very aware of the risk of First Aid Panic.

10. Snowstorm

5:30 a.m.: Phone!!! The entire family wakes up with a start. Bad new from Holland? No, not really, just an automated message that there will be no school today for child number one because of the snow that fell overnight. Phew, back to sleep and RINGGG!!! The same message for child number two, and 15 minutes later for number three. Life here in New Jersey comes to a grinding halt; is practically paralyzed as soon as snow starts falling. My current company also takes part in this. To my astonishment we were sent home right after lunch recently, before the snow was supposed to hit. Otherwise we might want to sue the company if, recklessly driving through the winter snow, we got involved in an accident.....

But in case they have to go out in this kind of weather, the average person here is well prepared. Big, comfy snow boots get pulled from under desks or from the trunks of cars, and enormous ice scrapers suddenly appear. The first time this happened to me at work I certainly felt overdressed (underdressed, really) with my pumps and skirt. I did not feel that I really belonged to the parking lot crowd when I tried in vain to clear the ice off my wind shield with an impotent CD box.

During a snowstorm it is remarkably calm on the highway; anybody who does not *have* to drive stays home, and those who do have to, do so painfully slow. This makes the commute take forever on such days, even if the road has been adequately cleared. The weather forecast - generally pretty accurate here - is a major source of panic. There is ample discussion about the dangers and threats ahead, as well as quite some evaluation after the storm. And the terminology is something we really had to get used to. During the previous snowstorm I really started to doubt myself: in my opinion the snow that was being discussed was a pristine, beautiful layer of white, more idyllic than scary, but I had completely missed the storm. Later, I was enlightened on the matter: howling winds are not necessary for weather conditions to qualify for a snowstorm. It just means that snow is falling.

With the latest snowstorm though, I have to admit things got pretty rough. But then, that wasn't a snowstorm, that was a blizzard. This one was announced days in advance, everyone was in tense anticipation and people were wishing each other "Good luck with the storm". This time the societal paralysis was complete for a full 24 hours. Not a single car in the streets (not that you could get out of your driveway). The snowplows (a lot of entrepreneurs in big pick-up trucks) did good business. Some optimists (mostly imported from other countries like ourselves) made an hour-long, brave but futile effort to clear it with elbow grease (aka a hand shovel). But well, to clear 30 inches of snow by hand...

This morning things looked pretty friendly and peaceful again outside. But the schools had another perspective on the situation. A 90 minute delayed opening. There was some ice on the roads. After all, one cannot be careful enough.....

11. Not Just Yet

Really, I thought I finally made it; that I got it and was reasonably adjusted and integrated. However, yesterday I had a pretty sobering experience.

Happy and enthusiastic about our life here we decided to go ahead and apply for our permanent residency cards (green cards). That is a significant process with a considerable amount of forms and a confusing and extended process with stamps, signatures, fingerprints, recommendations and approvals. Being kind of used to these things by now, we cheerfully worked our way through the first stack. No more old-fashioned Dutch feelings of resistance, just uselessly filling out the same information time and again. Yesterday however, the old feelings of refusal and rebellion popped up again. We had to go through the mandatory medical check-up for the entire family, at a government appointed and approved physician. Well, that turned out to be quite the experience. It was pretty obvious this was an after-hour gig. Practice hours for green-card check-ups were between 5:00 p.m. and 9:00 p.m. at the physician couple's home. Neither husband nor wife were very communicative, or were a particularly proficient in English. A droopy bunch of fellow victims were lounging in a grimy looking waiting room with discolored posters, a few sagging couches and an old fashioned TV, obviously with an over-the-air antenna, delivering more static than actual pictures. And of course, if we could fill out a 'few' forms? Yes, six each (for a total of 36!) and on each one full address, date of birth etc. So that kept Albert and I busy for a while, but not the children. Two hours of waiting did not really improve their mood or bring out the best in them.

Upon presenting the forms to the assistant she casually told us that this was the time where we were supposed to pay the doctor's fee: $1,270, not including lab cost! Oh, and cash only, no checks, no credit cards, no ATM. It was one more thing we weren't really prepared for, so Albert had to rush out to find an ATM close by. Luckily, between our Dutch bank accounts and the one American, we had (just) enough ATM cards (with a limit of $300 each) to get the required amount.

Anyway, at long last the big moment was there, we were allowed into the doctor's office. "Six?" Yes six, indeed slightly overcrowded in this tiny, even grimier space filled with various medical tools and posters from at least three decades ago. After some rather tedious and chaotic studying of our vaccination records from the Netherlands he gave up on it and thus proceeded to another round of signatures on more forms and disclaimers. Meanwhile, happy with a new environment and something to do, our boys were testing the robustness of the 'antique' scales and measuring tapes. To our surprise we were suddenly submitted to a series of shots that we assume were to protect us (or the US) against nasty bugs. Similarly, without much warning our blood was drawn and disappeared in a series of tubes. Granted, he did use alcohol on the injection site but no gloves. The physical examination was a very vague tapping on some parts of our chest, and brief move of the stethoscope over our totally clothed bodies amidst the noise of the boys. But then came the apotheosis of this medical experience: Albert and I were beckoned to follow the doctor into the garage! There stood a rusty (literally!) X-ray machine with which our chest X-rays were taken. Fortunately our kids were spared this. Then the children. The 'exam' was verbal and went like this:

Doctor: "Are they healthy?"

Me: "Yes.".

Doctor: "No diseases?"

Me: "No."

And that was that. After the ordeal was over at 9:30 p.m. Max, our oldest, asked why they had to actually come along, since the doctor hardly even glanced at them. We had no answer...

Maybe it's worthwhile to look into this kind of side-job for me in my spare time. I would be very competitive and even make it more fun in the process...

12. Easy does it

I think I am going to stay. Life is so easy, so comfy here. After nine months I am already spoiled to the extent that I can probably no longer get used to or go back to our somewhat Spartan-Dutch ways anymore...

To start with the cars: no hassle of engaging a clutch, switching gears, virtually everyone drives an automatic. Of course, being Dutch (and a little pedantic) we had to get ourselves an economical, manual car. At the garage where we had ordered it was still in the showroom. When the salesman opened the door to drive it out he suddenly stopped and remarked surprised and slightly horrified that the thing had a 'stick'. Could Albert please drive the new car out of the showroom himself?

Recently, alone at a parking lot I was scared to death. All of a sudden the engine and lights of an empty, parked car came on. I was seriously concerned for my own sanity; there really wasn't a living soul in sight. Slightly alarmed I went back to the meeting I had just left. Under abundant laughter I was again enlightened. Somebody had started her car 'remotely' to heat it up for ten minutes for more comfort on their five minute drive home.

Cooking is also so much less of a hassle here. A lot of food can go straight from the store into the microwave, and voila: dinner is ready. This also greatly reduces the painful labor of doing the dishes. Well, putting them in the dishwasher...

Recently Albert and I and our crew were visiting   another family and the lady of the house served freshly baked cookies. But my inner Sherlock Holmes was suspicious: the picture of an American woman with kids in an immaculate, pristine house, sticking her hands in a greasy clump of dough...? And indeed, it turned out baking cookies at home here encompasses pulling a package of pre-fab (and pre-shaped) 'raw' cookies from the fridge, putting them on a tray and in the oven for ten minutes or so.

The one time we brought a cake along there were a lot of remarks like, "You actually made it from scratch? With flour, breaking eggs etc...?" Only later I discovered there was a much easier way to get to the same result. Just buy a carton of ready cake-mix that, after adding some fluids, goes straight into the pan and into the oven. It actually tastes pretty good, and it certainly makes for a much cleaner kitchen...

There is also a great solution for that slimy to-do with eggs: 'Egg Beaters'. They taste like real eggs because they *are* real eggs! Just not simply in their shell and in a box by the dozen, but instead broken and sold in a milk carton. Just pull out the spout and pour... Nice concept, but I think we will stick to a cozy row of eggs in our fridge for now...

The tendency towards comfort and luxury however goes over the top with respect to climate control. In the summer the air-conditioning turns most offices and public buildings into virtual fridges so that you really need to carry (and put on) a sweater or cardigan, while in the wintertime the heat is turned up to the point where you have to be as relaxed as possible to prevent yourself from sweating indoors. It would seem to make sense to reverse winter and summer wardrobes.

Oh well, I think we'll put up with this kind of 'luxury'. Because yes, we really like it here and we're staying. Meanwhile we are reasonably adjusted (in our own judgement). However, in certain aspects we will probably always remain pretty stubbornly - and sometimes insufferably - Dutch. The initial surprise, wonder and amazement is over though.

Therefore this was the last in this series of columns about our move and transition to the US.

Epilogue

It has been nine years since we decided to follow my job to the United States of America. Initially we definitely weren't too enthusiastic about leaving good ol' Holland. We were doing quite well, leading a happy, stable life, and we had just entered a somewhat calmer phase in our lives with a new house, fourth and last son born, nice social life, etc. In addition, my view of the US was based on what I saw on my business trips (Newark Airport, taxi rides from Newark to hotels etc.). So that was not too favorable. After lengthy deliberations however we decided to take the step and informed our family on September 10, 2001. And then came the next day. Of course we revisited our decision, but in the end decided we would go anyway. At the very least it would provide us with a convenient way to avoid midlife crises or other forms of boredom.

A lot has changed since, but the bottom line is that we are still here and we intend to stay. Life in New Jersey has turned out pretty good for us.

By now our four sons are probably more American than Dutch in most of their ways. For one, their primary language is English; within two or three weeks of living here they started to speak English amongst each other instead of Dutch. By now we have some kind of schizophrenic English-Dutch communication going on in our house. The Dutch language skills are inversely related to the boys' place in the pecking order; increasing American accent from oldest to youngest, with the eldest being able to speak decently fluent Dutch with a reasonable vocabulary and the youngest not really being able to actually utter a Dutch sentence. Their (American) English on the other hand is flawless without any accent, contrary to that of their mother. I had the illusion that my English language skills were pretty decent by now, but still, as soon as I open my mouth in front of someone new I immediately get the question where my 'cute' accent is from. I seriously doubt that I am anywhere near cute. According to my boys my English is just "a little weird", but by now "not so terrible". I think they got milder...

Although I have considerably mellowed from my original Dutch ways I think I am still perceived as 'rather direct'. I really had to train – and still remind - myself to not simply say, "Nonsense", or "Ridiculous", or simply "I don't agree" in meetings. By now, and at least professionally, I have replaced this with expressions like, "Interesting thought, did you also consider ......", "That plan is addressing an important current issue, I would suggest also look at ......", "That may be an option, and maybe we could look at .... as an alternative as well". The downside for me is that if I get these kind of responses from someone else I can never really be sure if my counterpart is enthusiastic or appalled by what I said. On the other hand though, in some recent interactions with Dutch friends I was a bit shocked by the ease and crudeness with which they issued their opinions and critique. I guess they didn't change..., I probably 'un-Dutched' a bit.

Another thing that has me thinking after living here for a while is tolerance. While the Dutch have a reputation of tolerance and liberty I am not sure which people are more accepting; I feel that every day tolerance is quite common here, at least where I live. Things and behavior are not quickly judged as strange or odd; I hear the word 'ridiculous' in the back of my head quite often, but hardly ever in real life. Whether you wear weird clothes, have a dorky hobby, or make dumb statements, people hardly ever frown or laugh at you (unless you are a teenager of course).

And nothing is impossible; the optimism and strong drive to be successful is contagious. The most unlikely businesses are started by even more unlikely entrepreneurs. Often such initiatives have little relationship with the education, experience or even skills or talent of the 'entrepreneur'. But the initiative itself and perseverance make some of those endeavors successful, even if only short lived. As said, the idea that everybody can achieve anything is pretty contagious, and every so often I have fantasies about my own shop, bar or art gallery. Better to have tried and failed than not to have tried at all.

We have tried to keep some Dutch traditions: 'Sinterklaas' (Saint Nicholas, not to be confused with Santa, but a different and more stern saint, complete with red robe and miter, who stops by on December 5th with presents and special candy); sandwiches with 'hagelslag' (chocolate sprinkles); a lot of Gouda Cheese, as well as a bit of frugality.

What we miss most is the cozy Dutch towns with little shops, cafes and bistros where you can stroll and have a cup of coffee on a Saturday morning. That really makes for a completely different shopping experience than 'the mall'; I have never really learned to appreciate it and thus I am one of a relatively rare species here: a woman who *doesn't* like to go to the mall.

Another important - and almost unbearable - deficiency here is 'stroopwafels', the best cookies ever that for one reason or another never made it to the States (I am convinced there must be a business opportunity here). Only now do I realize the incredible variety of - mostly crispy - cookies in the Netherlands. I guess they go hand in hand with the ridiculous amount of coffee we drink - and offer our 'walk-in visitors' throughout the day. I've never been able to really get used to or appreciate American cookies, since most of them seem to be chewy (or at least not crunchy) and chocolate chip - neither of which I consider my favorite.

Other aspects of American 'cuisine' we certainly have learned to appreciate: the overwhelming selection of breakfast cereals, and the many varieties which pass through our household (at a pretty good clip too); donuts, a typical comfort food, especially those with thick sugary or chocolaty coatings, which are also met with great enthusiasm by our boys. Like most, if not all American families, we too have a large outdoor barbeque where on sunny weekends we patiently wait to get our big burgers grilled and we love to order extra large pizzas on a Saturday night. Instead of the obligatory Dutch desert of yoghurt and 'vanille vla' (vanilla pudding sold in liter packs) in our refrigerator, we now have at least two, but usually more, cartons (or buckets) of ice-cream in our freezer in varieties I would never even have dreamed of in 'my Dutch days'.

After all our experiences we are now entering an phase that is totally new for us: The College Application Process. Our oldest will be done with high school this year, and has to urgently figure out what he wants to do. The situation is rather dizzying for us, since the system is so completely different from that in the Netherlands. It kind of reminds me of the experience with our first American supermarket encounter: a totally overwhelming amount of options and choices, to the extent that you just want to run and hide in confusion. Recently we took our first cautious step in the process and submitted ourselves to no less than two college visits . It all was very well organized, and it looked good. I really felt a pang of jealousy towards these college kids: to me it seemed more like a four star all inclusive resort then the sober and bare temple of study I was expecting, with meal plans, cleaning services to take care of toilets and showers, medics on site, alarm systems, and even free nightly shuttles in case you have been partying in town. The part of one college's marketing that surprised, maybe even shocked me (with my apparently still somewhat Dutch mindset) was that, according to the presentation, this particular college was in providing ' the most value for the annual costs (which by the way are about ten times that of Dutch universities) versus annual salary'. So it was touted as purely a financial investment (albeit in your child's future) instead of the pursuit of dreams, scientific goals or contribution to society...

Before we get there however, we have to go through one more year of high school sports craze with him (and then some with the other boys). The focus on sports by the school and many parents seems to exceed the drive for academic or creative achievements. One big driver for this may be the hope that many parents seem to have for (sports) scholarships. Part of it is also tradition, nostalgia of parents who used to be on the fields themselves a few decades ago. Judging by the energy and stress level on the bleachers one wonders who is more excited about the game:

fathers or sons. By now I kind of get the football rules. During the first games I remember thinking it was an odd sport, with a lot of aggression, grunting, throwing each other on the ground, many 'breaks' and relatively little action. So the passion on the bleachers really made me look around in surprise and wonder what I was doing there. These days however, I do get (a little) excited, especially when my own son is on the field. By now we have all but forgotten about soccer......

Some Dutch habits and mindsets don't die, which still regularly makes me wonder or be surprised about certain situations.

There seems to be a disjunction between apparent openness and a willingness to share a lot about private life situations to relative strangers on the one hand, and a strong sense of privacy and considerable reluctance to talk about some other personal (and to me relatively innocent) matters. One recent example had to do with T-shirts my company was handing out for the annual company picnic. In my somewhat naïve drive for efficiency I had arranged for my assistant to pick up the shirts for the entire department and hand them out, instead of each individual employee having to go and pick up their own. This failed miserably, and when I asked my assistant what happened, her answer made my jaw drop. Most had refused to share their shirt size because 'they were uncomfortable with that'. I never would have thought that something as obvious as one's shirt size would be perceived as an invasion of privacy. But I get it now, and I'll think twice before doing anything like that ever again. It still puzzles me though why I do get more details than I want from not so close acquaintances about spouse's bad habits, planned divorces, therapy sessions and all kinds of financial matters.

But in summary, this endeavor has been an enriching experience and has turned out very well for us. We are happy that we made the move, and live a good life in a beautiful environment with a great American sized house (handy for a family our size). In the yard we see animals that, before the move, I used to see only in picture books and magazines. In addition to deer, hare and rabbits we also have raccoons, groundhougs, bear and an incidental coyote making their home in or their way through our yard (and eating our plants in varying degrees). In close vicinity we also have beautiful lakes, streams and hills. Plenty of nature around us and that is only New Jersey. A little travel gets us to actually spectacular natural beauty. That comes on top of an attractive climate, much better than the Dutch one. In general we have nice and warm, bright summers, overwhelmingly colorful falls, interesting winters with beautiful snowy landscapes and skiing opportunities close by, and a spring where life seems to burst out.

Of course we do miss some aspects of the Netherlands and maybe we will never fully blend in here. But then, is that necessary? We are all different, some of us are more different than others (ref.: my mother).

Is the US really the country of unlimited possibilities and real freedom? I don't know, but it's certainly enough for us!

~

About the Author

Mariëtte Boerstoel-Streefland is an executive at a pharmaceutical industry in New Jersey. She has worked in the pharmaceutical industry for over 20 years at different companies, and is an expert in the area of drug safety.

She is married to Albert Boerstoel and together they have four sons, Max (1993), Leo (1995), Felix (1997) and Paul (2000). They currently live in Boonton Township, New Jersey.

Mariëtte was born in the De Bilt, the Netherlands, and got her medical degree at Utrecht University/Utrecht Medical Center. After this she went on to acquire a master's degree in epidemiology from the McGill University in Montreal, Canada and the University of Utrecht, the Netherlands, and an MBA from New York Institute of Technology.

~

Einde van Nederlandse deel

~

~

*** End of English Section ***

~

LEGAL ALIENS:
VAN HOLLAND NAAR AMERIKA IN 12 COLUMNS

Leuke ervaringen van een familie die van Nederland naar Amerika verhuist, met enig perspectief op culturele verschillen.

Mariëtte Boerstoel - Streefland

Boonton, New Jersey 2011

Table of Contents

Introductie

Als je me tien jaar geleden gezegd had dat ik ooit in de V.S. zou werken en leven had ik heel hard gelachen en 'mooi niet' gezegd. Maar het leven zit vol verassingen....

In 2001 vroeg mijn toenmalige werkgever ons om naar de V.S. te verhuizen vanwege de verplaatsing van het hoofdkantoor naar New Jersey. Na aanvankelijke en significante aarzeling besloten we het avontuur aan te gaan en in zomer 2002 maakten we de overtocht met onze destijds nog kleine kinderen (vier jongens, toen acht, zes, vier en twee jaar oud).

Deze bundel is een verzameling columns geschreven op verzoek van de redactie van het Organon personeelsblad, om 'de achterblijvers een idee te geven'. Het is beslist geen uitputtend verhaal van onze belevenissen, maar bevat korte amusante schetsen van onze verwondering over situaties waar we tegen aan liepen en niet helemaal op voorbereid waren. Overgang van één westerse cultuur in een ontwikkeld land naar een andere brengt veel meer cultuurschok met zich mee dan we ons hadden voorgesteld.

Deze bundel is interesant en boeiend - of gewoon leuk - voor mensen die zelf een soortgelijke transitie hebben gemaakt of van plan zijn dat te doen, of voor hen die vrienden, familie of bekenden hebben die door zo'n situatie gaan.

Dit boekje heeft een Nederlandse en Engelse kant, zodat het geschikt is voor lezers aan beide kanten van de oceaan.

1. 'Bijna Klaar'

Zo zou onze jongste zoon (twee jaar) de situatie samenvatten. Dit zegt hij als iets hem even niet bevalt, maar als hij vermoedt dat het daarna wel weer leuk wordt (b.v. haren wassen, luier verschonen).

Over 12 dagen is het zover. We hoeven alleen nog maar ons huis, auto's en motor te verkopen en eveneens alles waar een snoertje aan zit (geen nut voor 220V apparaten in een land waar alles 110V is). En dan moeten we nog de inboedel in een zeecontainer (laten) proppen en met vier kinderen thuis een soort survival doen. Na een laatste nacht op de grond slapen in een totaal leeg huis mogen we dan op reis. Die reis betekent met zes personen en 18 (ja achttien!) koffers in de taxi (waarschijnlijk hebben we meer iets nodig dat lijkt op een touringcar) naar Schiphol voor een leuk vliegtochtje. De kinderen kijken hier reuze naar uit, wij bepaald iets minder. Want het vooruitzicht is dat er altijd wel eentje is met een onverdraaglijke volle blaas, een bijzonder geurende luier, acute honger, of die een cola omkiepert over boeken en kleren en daarbij de spullen van tenminste één ander familielid meeneemt, of luid en ongecensureerd commentaar levert op medepassagiers, etcetera. Gezellig!!! Maar daarna... dan is daar toch echt het beloofde land! Alleen nog even niet het beloofde huis, want de inboedel is weken onderweg in die zeecontainer. Onze zomervakantie 2002: kamperen in eigen huis.

Het voordeel van deze onderneming is echter wel dat we bijna gratis 'beroemd' worden. Om met een foto op de voorpagina in het Brabants Dagblad te verschijnen, daar moet je normaal toch een behoorlijke prestatie voor leveren, in positieve of negatieve zin. Maar misschien is dit wel de eerste 'compensatie' voor het enorme administratieve geneuzel waar je doorheen moet voordat je in de V.S. terecht kunt. Hypotheek, bankrekening, telefoon, verzekeringen en scholen, alles moet geregeld worden, en bepaald anders dan in Nederland. Een kleine bijkomstigheid is dat de kinderen (en wij) ingeënt moeten zijn volgens de Amerikaanse regeltjes, die uiteraard anders zijn dan die hier in

Nederland. Dat betekent dus een uitstapje naar de GGD voor een serie prikken voor iedereen. Bovendien moet er per kind een aardig stapeltje formulieren ingevuld worden. Nou, dan voel je je pas een slechte ouder, want wanneer was ook alweer het eerste stapje, het eerste woordje, zinnetje? Onze kinderen zijn ineens opvallend gemiddeld en 'volgens het boekje'.

Voor de kinderen blijft het idee van definitief weggaan moeilijk. Ze hebben meer het idee van een lange vakantie. Zo vragen ze regelmatig of een bepaald speelgoed mee mag naar Amerika. En na het antwoord 'ja hoor, alles gaat mee' kijken ze alsof er iemand gek geworden is en vragen of de wc pot of het plafond ook meegaan. En als we klaar zijn in Amerika gaat het allemaal weer mee terug, toch...? Maar zullen we daar ooit klaar zijn?

Bijna klaar dus.

2. Even Wachten

Wachten is een kunst, en geduld een schone zaak. Wij hebben daar toch veel meer moeite mee dan de Amerikanen, in tegenstelling tot het beeld dat wij van hen hebben.

Het begon al bij aankomst in 'het beloofde land', bij de douane. Een eindeloze zigzag van palen en linten, met dames in uniform die roepen waar je moet gaan en staan. De kinderen namen onmiddelijk de kortste weg: onder alle linten door. Maar helaas, dat werkte toch niet zo; de enige oplossing was geduldig wachten, tot we eindelijk bij één van de vele loketjes weer lang mochten toekijken tot alle stempeltjes waren gezet in alle zes paspoorten.

In het hotel wachtten we 14 (i.p.v. 'hooguit enkele') dagen op onze luchtvracht met het overlevingspakket om te kamperen in ons totaal lege nieuwe huis. En toen was er het

grote wachten op de grote zeecontainer.
"Waar is mijn speelgoed nou?", "Wanneer
komt de lego?". Toch was *dit* wachten
tamelijk relaxed, met weinig spullen heb je
maar weinig zorgen (opruimen) en ook de
voedselkeuze is simpel; veel fast-food dus,
tot grote vreugde van de kinderen.

We waren dankbaar toen we na een maand
de reusachtige verhuiscontainer met moeite
de bocht van onze oprit zagen maken, vol
met al onze spulletjes. Helaas was niet alles
in de originele staat. En toch verlangen we
nog regelmatig terug naar de overzichtelijke
dagen van zes slaapzakken, zes bordjes, zes
messen en vorken, zes bekers en één
koekenpan. Hoe je luxe een last kan zijn...

Het ultieme wachten echter hebben we nog
niet volbracht. Met ons internationale
rijbewijs mogen we hier wel een jaartje
rondrijden, maar je bent hier pas iemand
als je een New Jersey drivers licence hebt.
Voor identificatie is het belangrijker dan b.v.
een paspoort. Achteraf gezien tamelijk naief
gingen we met de vier kinderen 'even' dit
rijbewijs ophalen. We voelden hem al

aankomen toen we het overvolle parkeerterrein opdraaiden. Het werd nog duidelijker toen we het gebouw naderden. De rij stond buiten, om de hoek heen, om de andere hoek heen om aan de achterkant van het gebouw (en dat was geen kleintje) te eindigen. Maar uiteindelijk, anderhalf uur later, waren we binnen en zagen een zwijgende mensenmassa die verveeld stond, zat en rondhing. Weliswaar waren er bemande loketten, maar er was nauwelijks beweging in het geheel. Om er achter te komen wat nou de bedoeling was haalden we toch maar enkele aanwezigen uit hun ogenschijnlijk verlaagd bewustzijn. Het begon ons te dagen. In rij 1 is het wachten op een volgnummertje, waarmee je vervolgens eindeloos mocht wachten bij één van de loketten. Maar niet vandaag: we hadden uiterlijk 6:30 buiten in de rij moeten aansluiten om *kans* te maken om bij de opening om 8:00 binnengelaten te worden en die dag afgehandeld te worden. Typisch Hollands begon ik te roepen: "Belachelijk", "Dit accepteer ik niet", "Ik weiger", totdat mijn man fijntjes opmerkte dat als ik volgend jaar nog steeds wil rondrijden in dit land… Maar dit Amerikaanse wachten breng ik echt nog even niet op. Misschien moet ik

de komende maanden eerst zelf maar iets
veramerikaniseren...

3. Consumeren

Het is een cliché, maar toch echt waar: consumeren is erg belangrijk hier in de V.S. De winkels zijn enorm, de keuzes overweldigend.

De porties zijn ook echt flink wat forser. Bovendien moet het ook lekker en luxe zijn. De eerste confrontatie met een Amerikaanse sandwich verbijsterde ons. Bij een sandwich is de brood/beleg ratio zo ongeveer omgekeerd aan die in Nederland. Met name de hoeveelheid vleeswaar op één broodje is minstens de weekportie van een gemiddeld Nederlands gezin.

Ook op school is er in het algemeen geen sprake van een simpel bammetje voor lunch. De kranten en schoolfolders staan vol tips over gezond eten op school: volkorenkoekjes i.p.v. chocolate-chip cookies, zakjes snoep met vitamine C, chips met 30% minder vet etc. En op school kun je de kinderen opgeven voor schoolmelk (kan ook chocomelk zijn), maar ook voor school-ijs. In het laatste geval krijgen ze elke dag (!) een ijsje. Drie keer raden waar het meeste animo voor is.

Onze kinderen deelden na de eerste dagen op school hun verbazing over wat de klasgenootjes allemaal bij zich hadden. Nee, geen boterham, wel chips, koekjes, popcorn, chocola, en veel flesjes mierzoet drinken. Vrij frustrerend was dat de toch al wat schrale kaasboterhammen van onze Max tegen lunchtijd doorweekt waren met lauwe melk door de lekkende, oerhollandse drinkbeker.

Nog wat leuke (en voor mij opmerkelijke) dieet-adviezen uit de krant:

-   Als je trek hebt in hotdogs, neem er dan maar één (geen hotdog is natuurlijk geen optie.)
-   Eet langzaam, probeer de maaltijd te rekken tot 15 tot 20 minuten (!). Opeens begrijpen we waarom we zo weggekeken worden in de restaurants als wij onze (Nederlandse) tijd nemen voor de maaltijd.

En dan drinken. Er is ze verteld dat veel drinken gezond is. De gemiddelde Amerikaan loopt dan ook de hele dag te lurken, alles en iedereen sjouwt zo'n flesje bronwater mee. Op straat, in de auto, op het werk, bij het winkelen, overal. En als het geen bronwater is, is het slappe koffie in een piepschuimen bekertje met zo'n handig dekseltje. Het heeft wel iets weg van de tuitbekers waar onze kleinste zelfs al uitgegroeid is.

Ook in andere opzichten wordt consumeren gestimuleerd. Kopen zul je, of je wat in je portemonnee hebt of niet. Iedere winkel stimuleert sterk om vooral de 'huis-credit card' aan te vragen met leuke aanbiedingen en beloftes van enorme besparingen. Dus als je deze verleiding niet weerstaat en niet uitkijkt heb je zo tien van die kaartjes op zak (en niets meer op je bankrekening). Het is overigens ook helemaal niet handig om je geld op de bank te zetten, de spaarrente die je krijgt is minimaal. Nee, je koopt op de pof, en betaalt pas over een jaar (+ rente natuurlijk, die wel normaal is).

Eén voordeel heeft deze consumptie cultuur wel: de winkels zijn bijna altjid open, ruim na kantoortijd en op zondagen. Onze lokale super zelfs 24 uur per dag, 7 dagen per week, dus als we eens niet kunnen slapen en trek zouden hebben in een lekkere donut of een zak chips: geen probleem!

4. I feel good!

Maar waarom toch? Ik vroeg het me al een tijdje af, maar zojuist daagde het me ineens. Je ego wordt hier flink ge-'boost'. Men geeft elkaar hier veel meer aaien over de bol. Iedereen doet zijn/haar best om iets aardigs tegen de ander te zeggen. Waarschijnlijk komt een opmerking hier in de V.S. dat je er weer fantastisch uitziet ongeveer overeen met een Hollandse opmerking als: "Nieuw bloesje"? Maar het voelt wel lekker zo, zeker met het nog steeds aanwezige Nederlandse referentiekader.

En als de stroom aardige opmerkingen (in gewoon Nederlands: geslijm) tijdelijk even opdroogt, dan doe je het toch gewoon zelf. Niks bescheidenheid, nederigheid en vooral geen doe-maar-gewoon-dan-doe-je-al-gek-genoeg mentaliteit. Nee, van alle kanten krijg je te horen dat je trots op jezelf mag (moet?) zijn. De cv's bij sollicitaties zijn in meer dan één opzicht 'dikker' en staan bol van de termen als 'achieved' en 'accomplished'.

Het wordt er dan ook vanaf het prille begin ingeramd. Onze Leo haalde tot zijn eigen verbazing op school onlangs de 'Wall of Fame'. Dit bleek een veredeld prikbord met een aantal wat geslaagdere werkjes. En toch voelt het goed...

Op relatief willekeuring momenten vertellen mensen, wildvreemden soms, wanneer ze maar de kans krijgen (in de rij bij de kassa, op de parkeerplaats, bij school) vol trots wat hun familie of kinderen zo bijzonder maakt. De bumper stickers zijn een ander interesant fenomeen; deze komen met statements als: 'Trotse ouder van een honor student' (i.e. iemand die achten, negens en tienen haalt). Zou ik echt met zoiets in Nederland rond kunnen rijden zonder belachelijk gevonden te worden?

En vind je jezelf toch even niet meer zo bi, dan is ook daar een remedie voor. Onlangs zag ik in een tijdschriftje een advertentie voor 'Ego boosters'. Die koop je voor jezelf en ik stel me voor dat je daar gezellig naar kijkt bij een kop koffie (er zat geen gebruiksaanwijzing bij). Het zijn beeldjes en frutsels met inscripties in de trant van: "You're great!", "You're the best!", "Everybody loves you!" etc. Een soort feel-good-voodoo dus.

En tenslotte is er natuurlijk de collectieve en absolute trots op het vaderland. Tamelijk overheersend zelfs, met voor onze begrippen absurd veel vlaggen en het volkslied bij alle publieke gelegenheden, zelfs bij sportwedstrijden op school. Tja, 's lands wijs, 's lands eer. En toch, na een tijdje wen je eraan en ga je het zelfs waarderen. En al die vlaggen, het ziet er wel vrolijk uit...

God Bless America!

5. Even Bellen

Toen ik laatst een secretaresse suggereerde dat ze beter een koptelefoon zou kunnen aanschaffen omdat ze anders van al dat bellen scheef zou groeien, keek ze me een tikkie vreemd aan. Zojuist realiseerde ik me dat eigenlijk iedereen hier wel zo'n ding kan gebruiken. Even bellen zit de mensen hier in het bloed. Men is ook veel beter opgevoed in het telefoonverkeer, iedereen klinkt heel professioneel, vriendelijk, en beleefd aan de andere kant van de lijn. Standaard vragen ze ook naar je voornaam die ze vervolgens met verve gebruiken.

Wat ook erg mooi is: je belt nooit tevergeefs, dag of nacht. Niet dat je altijd direct een mens aan de lijn krijgt. Negen van de tien keer is het een antwoordapparaat, of nog erger, een 'voice response system' waar je nooit meer uitkomt.

Doordat vrijwel iedereen z'n antwoordapparaat aan heeft ontwikkel je vanzelf een soort soepelheid om na de 'beep' je korte boodschap te dumpen, om vaak binnen de minuut teruggebeld te worden. Nou ja, 'korte boodschap', de berichten die ik in mijn machine aantref (ja, ja, ik doe mee) zijn meestal eindeloze monologen, inclusief samenvatting aan het eind. Even telefoneren is er dus zelfs via de voice mail niet bij.

Als je dan in een zakelijk telefoontje 'live gaat' (met een mens) hoor je eerst een bandje dat 'Dit gesprek opgenomen kan worden voor kwaliteitsdoeleinden.' Vervolgens is er een bijzonder vriendelijk persoon die een standaard zinnetje afratelt over het bedrijf en hoezeer ze je als klant waarderen. Net een uit het hoofd geleerd versje waar de kinderen ook wel eens mee thuis komen (alleen in ietsje sneller Engels). Ook standaard adviezen komen er vlot uit. Echt luisteren is een iets minder ontwikkelde eigenschap. Als het toch lukt om met je vraag door te dringen, komt na een korte stilte de ultieme oplossing: doorverbinden. Zo kom je vaak in leuke cirkeltjes terecht. Afhankelijk van je stemming zijn die goed voor je lachspieren of voor je maagzuur.

De topper op dit gebied is onze telefoonmaatschappij. Het gesprek begint met: "My name is … and my goal today is to provide you with outstanding service." Na minstens een kwartier niet zo prettige conversatie wordt het gesprek afgesloten met een herhaling van 'my goal' en de vraag of het bereikt is. Ik heb het nog niet aangedurfd om met een Nederlands direct "Nee" te antwoorden…

6. Gezondheid in de aanbieding

Iets waar ik me over blijf verbazen is hoe medisch jargon en de vreselijkste aandoeningen hier vrolijk in radio-commercials langsfietsen.

Een van de ergste is de volgende: "Mijn dochter is net zeven geworden en ze wil ballerina worden, astronaut, dokter... Ze betekent alles voor me ... en ze heeft kanker." Ja ja, zomaar, bam! Vervolgens een begripsvolle vrouw die vertelt hoe belangrijk het wel niet is waar je kind de eerste behandeling krijgt. "Dus kom naar het Newbay Children's Hospital* want anders ontneem je je liefste de beste kansen...". En naadloos volgt het volgende verzoeknummer of commercial voor de nieuwste cornflakes met kleurrijke Harry Pottertjes erin.

Ook zo'n lekkere: "Kanker en hart- en vaatziekten kunnen met een goede screening vroegtijdig ontdekt worden. Maar weet je wel hoeveel kankers er gemist worden bij screening met conventionele apparaten? Wel 40%! Cyclotron_X* daarentegen, ziet wel 99% van de ellende. Dat wil jij toch ook? Dus, reserveer snel een scan met de Cyclotron_X. Bel nu, en je krijgt een tweede scan voor de helft van de prijs. Dat wil je je dierbaren toch niet onthouden???" Lekker samen een middagje scannen, gezellig!

Ideetje voor de marketing afdeling? Zielige jonge vrouw: "Ik voelde me beroerd, slap, ziek, ellendig. Ik was jong, maar moest steeds meer van mijn activiteiten opgeven, mijn sport, hobbies, vrienden, uiteindelijk zelfs mijn school... totdat ik Cancerpharm* tegenkwam: Cancerpharm heeft mijn leven gered. Ik kan alles weer. Het geweldige CanStop* heeft me geholpen kanker te verslaan. Dank je Cancerpharm!"

En deze dan: "Meer dan 100 pond overgewicht? Ben je al dat lijnen dat toch niets helpt ook zo zat? Wanhoop niet, maar kom naar West-Life Hospital*, voor een maag-bypass. Wij hebben de meeste ervaring met deze ingreep, en het beste is: je valt gegarandeerd af, zonder moeilijke diëten. Ideaal! Kom snel en laat ook even zo'n operatie doen!"

Daarnaast heb je natuurlijk nog de 'gewone' reclame voor geneesmiddelen, met details en termen over ziekten waarvan ik me afvraag wat de gemiddelde Amerikaan daarmee kan. Dan lijkt me de "Scheiding voor slechts $299" veel nuttiger... Maar misschien luister ik te goed, en hoort dit allemaal bij het gezellige behangetje, dat alle radio en TV hier lijkt te zijn...

* *Om 'lawsuits' te voorkomen zijn alle namen gefingeerd.*

7. Happy Holidays

We zitten er vol in, het holiday geweld hier.

Haloween was erg lekker, maar de betekenis van al die pompoenen, spinnen, heksen en skeletten is wat moeilijk te achterhalen. Kinderen 'trick-or-treaten' massaal huis-aan-huis, en krijgen per definitie een treat. Dit geeft dus veel snoep, in ons geval vier keer veel = waanzinnig veel snoep, iets waar we niet echt op bedacht waren. Onze jongste (twee en een half) had het snel door: blijven staan met een verwachtingsvolle big smile. Dan *blijven* ze lekkers in je tasje stoppen.

We hebben ons zojuist door Thanksgiving heen ge-managed. Het gaat om gezelligheid met zoveel mogelijk familie en traditioneel eten. Wij hebbben het ook maar eens geprobeerd. De 'Turkey' is een must en stuffing het toverwoord. Die van ons - gratis gekregen bij de lokale supermarkt vanwege goede besteding - was wanstaltig groot, dik en bleek. Dagenlang heeft deze twintig ponder tamelijk dominant in onze koelkast tussen de jam en boter liggen te ontdooien. Gelukkig kregen we vele adviezen van Amerikaanse kennissen, die het erg grappig vonden dat wij geen benul hadden wat wij met zo'n beest aanmoesten. Er moet wat uit (akelig pakketje van de nek en wat ingewanden) en dan weer iets in (de stuffing), allemaal erg eetlustbevorderend. Heel handig heb ik dit deel van de activiteiten gedelegeerd. Maar we hadden een traditioneel diner op tafel (en nog wekenlang turkeysandwiches, turkeysalade, turkeyragout, etc.)

De dag na Thanksgiving, de turkey nog nauwelijks verteerd stort heel Amerika zich blijmoedig in 'Black Friday'. Vanaf vijf uur ('s ochtends!!!) begint hier een massale koopjesjacht. Dan worden alvast de kerstinkopen gedaan, sommigen kopen lang gewenste items, en ik vermoed dat er ook velen zijn die veel aanschaffen wat ze echt niet nodig hebben omdat het zo'n mooie aanbieding is...

Dezelfde vrijdag gaan ook alle remmen los qua kerstversieren. Er wordt ongelooflijk veel tijd, geld en energie gestoken in onwaarschijnlijk veel lampjes, frutsels en verlichte figuren. Ook wij hebben dus maar een paar snoertjes met lichtjes gekocht. Je moet toch een beetje integreren, niet? Vol verwondering wachten wij af wat de kerstdagen hier gaan brengen. Over het kerstdiner denken we nog maar even niet na.

Een verontrustend berichtje in de krant meldde dat het holidaygeweld je niet in de koude kleren gaat zitten: de gemiddelde gewichtstoename van Thanksgiving tot nieuwjaar is ongeveer tien pond. Er wordt in deze periode zo'n vijf miljoen ton (!) extra (!!!) afval geproduceerd.

Financieel is het ook ruig: gemiddeld wordt er per gezin een slordige duizend dollar aan kadootjes uitgegeven. En de gemiddelde Amerikaan is dan vervolgens zes maanden bezig de credit card schulden af te betalen. Meestal met een andere credit card. Sparen is geen optie.

Ik denk dat we wat de Holidays betreft
maar een beetje selectief integreren...

8. Fitless

Als je je een beetje bewust bent van je lijf,
doe je hier aan 'werk-uit', of praat je daar in
ieder geval stoer over. Lid worden van een
fitness club is dan ook een must. De eerste
ervaring bij betreding van zo'n club is wat
vreemd: een verzameling zwijgende,
ogenschijnlijk wezenloze figuren staan
wazig voor zich uitstarend al of niet hard uit
te werken. Er is geen ander geluid dan het
gezoem van de apparaten. Het ziet er totaal
ongezellig uit. Een zaalbrede rij televisies
verklaart iets van die wezenloosheid, en de
bijhorende koptelefoontjes dragen niet
bepaald bij aan een gezellig babbeltje met
je buursporter.

Overigens is onze club dagelijks open vanaf
4:30 uur ('s ochtends!). Ik was een keer zo
dapper om extra vroeg op te staan en om
6:00 uur 's ochtends een aerobics-klasje te
gaan doen. Net uit de auto stond ik me nog
een beetje gapend af te vragen wat ik hier
in vredesnaam deed, toen ik me realiseerde

dat de hele parkeerplaats volstond! 'Iedereen' gaat vóór het werk even meer of minder succesvol wat calorieën wegwerken en spieren opbouwen.

Naast de enorme fitness clubs waar doorgaans de wat strakker in hun vel zittende Amerikanen uitwerken is er ook een aanzienlijk gebeuren binnenshuis. De meeste Amerikaanse huishoudens waarmee wij kennis hebben gemaakt hebben één of meer van die wat sado masochistisch ogende apparaten staan; meestal tegenover een groot tv scherm. Tijdens onze huizenjacht in de V.S. was het ons al opgevallen dat er een verband lijkt te bestaan tussen de hoeveelheid en/of grootte van de apparaten en de omvang van de bewoners (veel goede voornemens, ofzo?).

Eén van de zaken die wij bij die bezichtigingen tegen elkaar zeiden was: dat doen wij dus niet, de kelder vol dure apparaten zetten en boven op de bank onderuitzakken met hamburgers, popcorn en cola.

Maar ja, je past je aan hè, en we konden een leuke tweedehands loopband kopen. Zo'n ding in huis is toch wel handig om op een donkere winteravond nog eens wat actiefs te doen.

Ondertussen blijken die hamburgers en hotdogs toch ook wel erg lekker en makkelijk. En die cola? Die is hier bijna altijd light en caffeine-vrij, en popcorn is gewoon lucht, dus dat is voor de gezelligheid en dat telt niet. En onze nieuwe bank staat heel gezellig en warm bij de buis.

Ik moet toch eens in de kelder afdalen om te kijken of er op onze loopband inmiddels toch niet stiekem een laagje stof ligt...

9. EPBO: Eerste Paniek Bij Ongelukken

In de zomer, het prille begin hier, waren we eigenlijk al gewaarschuwd voor wat ons later te wachten stond. De IKEA zou ons relatief low-budget aan wat nieuwe bloem-, kant- en tierlantijnloze meubels moeten helpen. Hollands als we zijn namen we de trap naar de eerste verdieping. Een Amerikaanse dame (mogelijk net iets minder gewend aan zo'n enorme inspanning) had blijkbaar een misstap begaan. In ieder geval lag ze daar in volle glorie te slachtofferen. Ik zag geen bloed, schuim op de mond of verwrongen ledematen, dus in mijn ogen leek alles tamelijk pluis. Maar er was een enorme oploop. Paaltjes en vlaggetjes (zoiets als bij wegwerkzaamheden) moesten ons van de ongevalsplek weghouden (met als gevolg filevorming op de trap). De winkelmanager kwam met een rood hoofd aangelopen met een stapel formulieren, die ingevuld moesten worden, waarschijnlijk om iets met de aansprakelijkheid te regelen...

Tot nu toe zijn we redelijk gevrijwaard van dergelijke onrust. Wel komen mijn zonen af en toe thuis met enorme pleisters op minieme schaafplekjes. Elke valletje of 'botsinkje' wordt direct bestraft met een gang naar de 'school-nurse' (full time op school aanwezig), die uiterst professioneel maar in onze ogen totaal onnodig een pleister aanmeet.

Onlangs overkwam het ons toch echt: Eerste Paniek Bij Ongelukken. Onze jongste was gaan staan op het winkelwagenzitje en net buiten bereik van een tevergeefs graaiende papa achterover gevallen (in het wagentje). En ja hoor, daar hadden we het drama in volle glorie: klein ventje, groot gebrul, bloed in de witte haartjes, dat wil wel. En de schuldvraag? Leken de winkelwagentjes niet teveel op klimrekken? Of had er geen waarschuwing op moeten staan dat kleine ontdeugende jongetjes weleens zoiets ondernemen? Onze laatste zorg, maar de winkel's eerste. Met het stelpen van het bloeden en troosten was het eigenlijk voor ons wel klaar. Maar niet hier. Zenuwachtig winkelpersoneel en klanten uit alle hoeken en gaten, die allemaal gilden: "Hij bloedt!" (voor onze Paul angstiger dan het hele ongeval). Uiteindelijk kwam de gealarmeerde winkelmanager aangestormd en ja hoor, een stapel formulieren, tegoedbon (!) voor de locale kinderarts, en of wij een claim wilden indienen? Nou nee, misschien een slokje drinken of zo en dan graag de boodschappen afrekenen? Nee, dat kan toch niet. Moest er niet een ambulance komen? Papa Albert zag de situatie in rap tempo uit de hand lopen en riep uiteindelijk in uiterste wanhoop en ietsjes bezijden de waarheid: "Mensen alsjeblieft, ik ben zelf dokter, dus…!"

Gelukkig hielp het, maar we zijn nu goed gewaarschuwd voor de EPBO hier.

10. Sneeuwstorm

5:30: Telefoon!!! De hele familie schiet wakker. Ellende in Nederland? Nee hoor, een mededeling dat er vandaag geen school is voor kind één. Er is sneeuw gevallen. Net weer in slaap en TRINGGGG!!! Dezelfde mededeling voor kind twee, en een kwartier later voor nummer drie. Het sociale leven gaat hier vrijwel plat zodra het sneeuwt. Ook mijn huidige werkgever doet daaraan mee. Tot mijn verbazing werden we laatst na de lunch naar huis gestuurd. Anders zouden we het bedrijf wel eens kunnen aanklagen als we roekeloos door de sneeuw razend een ongeluk krijgen...

Moet je er toch doorheen, dan wapent de gemiddelde Amerikaan zich goed. Iedereen rukt meteen grote sneeuwboots uit een burolaatje ofzo, en heeft enorme krabbers. De eerste keer dat het mij op kantoor overkwam voelde mij in mijn rokje met pumps wat overdressed (en koud). Ik hoorde er even niet helemaal bij toen ik met een impotent cd hoesje probeerde het ijs van mijn voorruit te krabben.

Op de snelweg is het bij sneeuwval wonderbaarlijk kalmpjes, degenen die de deur niet uit hoeven blijven thuis, en wie moet rijden doet dat stapvoets. Je bent dus uren onderweg, zelfs als de weg schoongeveegd is. Het weerbericht - meestal wel behoorlijk accuraat hier - is een belangrijk bron van onrust. Over het dreigende gevaar wordt druk gediscussieerd en uiteraard na afloop nagepraat. En dan de terminologie, daar moesten we echt aan wennen! Bij de voorlaatste snowstorm begon ik toch ernstig aan mezelf te twijfelen; de snow waar nog veel over nagepraat werd had ik wel gezien, een mooi laagje, eerder idyllisch dan beangstigend, maar de storm had ik echt gemist. Later werd ik voorgelicht: voor een snowstorm heb je geen gierende wind nodig. Dit betekent alleen dat het sneeuwt. Een sneeuwbui dus.

Maar bij de laatste snowstorm moet ik toegeven dat het toch wel flink tekeer ging. Dat was dan ook geen snowstorm, maar een blizzard. Dagen vantevoren werd hij al aangekondigd, iedereen was in gespannen afwachting en wenste elkaar "Sterkte met de storm". En dit keer ging het leven hier ook echt even 24 uur helemaal plat. Geen auto op de weg (je kwam je oprit ook niet af), sneeuwschuivers (veel kleine zelfstandigen in grote pick-up trucks) deden goede zaken. Sommige optimisten (vooral import, zoals wijzelf) deden urenlang dappere maar nogal futiele pogingen met een sneeuwschep. Maar ja, voordat je 75 cm hebt weggeschept...

Vannochtend zag het er eigenlijk wel weer vriendelijk uit. De scholen zagen dat anders: anderhalf uur later open. Er lag wat ijs op de weg. Je kunt tenslotte niet voorzichting genoeg zijn...

11. Toch nog niet helemaal

Echt, ik dacht dat ik er was. Dat ik het begreep en redelijk ingeburgerd was. Gisteravond ben ik weer ontnuchterd.

Enthousiast over ons leven hier besloten we de permanente verblijfsvergunningen (greencards) aan te vragen. Dat is een hele heisa met eindeloos formuliertjes en een onnavolgbaar, langdurig proces van stempels, handtekeningen, vingerafdrukken, aanbevelingen en goedkeuringen. Inmiddels gewend aan dit soort zaken werkten we ons blijmoedig door de eerste stapel heen. Geen ouderwetse Nederlandse gevoelens van verzet meer, gewoon nutteloos tig keer hetzelfde invullen. Maar gister kwamen toch weer weigerachtige, ballorige gevoelens boven. We moesten door een verplichte medical check-up met de hele familie, bij een door de overheid aangewezen arts. Nou, dat was feest. Duidelijk een schnabbeltje; we konden 's avonds tussen

17:00 en 21:00 terecht bij een Indiaas, slecht Engels sprekend, weinig communicatief artsenechtpaar thuis(!). Een somber zooitje lotgenoten hing in de groezelige wachtkamer met verbleekte posters, half ingezakte bankjes en een ruisende TV. En ja hoor, graag even wat (!) formuliertjes invullen. Ja, zes per persoon en op ieder formulier opnieuw volledig adres, geboortedatum etc. Dat hield Albert en mij wel even zoet, maar niet de kinderen. Na ongeveer twee uur wachten was het er met de jongens niet gezelliger op geworden.

Bij het inleveren van de formulieren werd ons door de assistente en passant meegedeeld dat we wel vooraf moesten betalen: 1270 dollar, exlusief laboratoriumkosten! Oh, en contant s.v.p., geen checks, geen credit cards, geen betaalpas. Alweer zoiets waar we niet op voorbereid waren, dus Albert moest als een haas een lokale flappentap vinden. Gelukkig hadden we met onze Nederlandse pasjes en onze enige Amerikaanse genoeg om zelfs met een limiet van $300 per pasje net voldoende op te nemen.

Affijn, het grote moment, we mochten de spreekkamer in. "Six?" Yes six, inderdaad een beetje vol in dit nog groezeliger hokje, met instrumenten en posters uit het jaar nul. Na een moeizame en chaotische bestudering van onze inentingsboekjes geloofde hij het wel en gingen we maar weer een rondje handtekenen. Ondertussen waren de jongens, blij eindelijk iets te doen te hebben, de robuusthied van de 'antieke' weegschalen en meetlinten aan het testen. Een onduidelijke serie injecties moesten ons (of de V.S.) beschermen tegen nare beesten. Ook verdween zonder aankondiging wat van ons bloed in een buisje. Het lichamelijk onderzoek was een beetje ritueel geklop met een stethoscoop bovenop onze truien. En toen de apotheose: Albert en ik werden om de beurt naar de garage(!) gewenkt. Hier stond een roestig (letterlijk!) röntgenapparaat waarmee wij ge-X-rayed werden. Gelukkig bleef dit onze kids bespaard. Hierna waren de kinderen aan de beurt om onderzocht te worden. Dit ging geheel mondeling, als volgt.

Dokter: "Zijn ze gezond?"

Ik: "Ja."

Dokter: "Geen ziekten?"

Ik: "Nee."

En dat was het. Na afloop van deze martelgang (om 21:30) vroeg Max, onze oudste waarom ze hier nou bij moesten zijn, de dokter had ze nauwelijks een blik waardig gegund. Wij hadden geen antwoord...

Misschien wel de moeite waard om eens te kijken of ik ook niet zoiets kan doen in de avonduren, kan ik goedkoop concureren en het nog leuker maken ook.

12. Gemakzucht

Ik denk dat ik maar blijf. Het leven is zo makkelijk hier. Na negen maanden ben ik al zo verwend dat ik niet meer Spartaans-Nederlands kan meedoen...

Om te beginnen de auto's: niks moeilijk schakelen, vrijwel iedereen hier rijdt automaat. Wij moesten natuurlijk uit Hollands bewustzijn een energiezuinige schakelauto hebben. Bij de garage merkte de verkoper verbaasd en een tikkie geschokt op dat het ding een 'stick' (=versnellingspook) had. Kon Albert 'dat ding' misschien zelf de garage uitrijden?

Laatst, 's avonds alleen op een parkeerplaats, schrok ik me wild. Opeens sprongen de motor en de lichten van een lege auto aan. Ik twijfelde ernstig aan mezelf; er was echt geen levend wezen te bekennen. Wat verontrust liep ik terug naar het zaaltje waar ik vandaan kwam. Hartelijk lachend werd ik voorgelicht: de auto was alvast 'remote' opgestart om tien minuten warm te draaien, voor een beetje meer comfort voor de thuisreis van vijf minuten.

Ook koken is hier minder gedoe. Veel gaat zo met verpakking en al in de magnetron en huppekee eten maar (ook weinig afwas dus).

Laatst was Albert met het spul op visite en serveerde de gastvrouw vers gebakken koekjes. Iets klopte hier niet: een Amerikaanse met een huis vol kinderen, die met de handen een vettige bol deeg kneedt... En inderdaad, hier bak je zelf koekjes door een pakje met deegrondjes van de supermarkt uit je koelkast te trekken. De inhoud leg je op een bakblik en dan tien minuten in de oven. Toen wij een keer met een cake kwamen aanzetten was er verbaasd geroep: "Zelf gebakken, helemaal van 'scratch', met bloem, en eieren kapot slaan enzo....?". Pas later zag ik dat je dat eigenlijk ook 'prefab' doet, gewoon een pak kopen waarvan je de inhoud met wat vocht en olie in je bakvorm kiepert. Wel lekker snel, en 'clean' moet ik zeggen.

Voor dat gehannes met eieren is hier ook wat verzonnen: 'Egg beaters', smaakt als echt ei want het is echt ei! Maar niet gewoon in hun schilletje en met z'n zessen of twaalven in een doosje (tien doen ze hier niet aan), nee, gestript in een soort melkpak met een schenktuitje. Wij houden het toch nog even bij zo'n gezellig rijtje eitjes in de koelkast.

De hang naar gemak en luxe slaat door bij de klimaatregeling, vooral in bedrijven. In de zomer maken de airco's het binnen zo koud dat je toch echt een trui of vest bij je moet hebben, terwijl je in de winter erg rustig moet blijven als je niet wilt zweten. Tijd dus om mijn wintertruien door zomerbloesjes te vervangen...

Maar och, die 'luxe' nemen we maar op de koop toe.

Want ja, we hebben het goed hier en blijven. We zijn inmiddels (vinden we zelf) aardig aangepast, hoewel we in sommige zaken gewoon onverbeterlijk Hollands zullen blijven. Maar de grote verwondering is over.

Daarom is dit de laatste van deze serie 'stukkies' over onze verhuizing en overgang naar de V.S.

Epiloog

Het is nu negen jaar geleden dat we na lang aarzelen besloten om 'voor het werk' naar de V.S. te verhuizen. We waren in het begin zeker niet jubelend over het idee ons vertrouwde Oss en Nederland te moeten verlaten voor een land als de V.S.. we hadden het goed, en waren net zo'n beetje in een rustiger fase aan het komen met een nieuw huis, onze vierde en laatste zoon, leuk sociaal leven, etcetera. Bovendien was het idee dat we van de V.S. hadden achteraf gezien een beetje eenzijdig, en wat ik ervan gezien had (Newark airport, taxiritjes naar hotel in New Jersey) nou niet bijzonder aantrekkelijk. Maar na rijp beraad en een orientatie bezoek hebben de stap genomen; wellicht in ieder geval een mooie manier om de 'midlife crisis' of andere verveling te voorkomen.

Er is veel veranderd sindsdien, maar de essentie is dat we nog steeds hier zijn en van plan zijn om te blijven. Het leven in

New Jersey bleek voor ons toch wel heel aantrekkelijk.

Onze zonen zijn tegenwoordig meer Amerikaans dan Nederlands in hun manier van doen. Om te beginnen is hun primaire taal Engels; binnen twee of drie weken na de verhuizing begonnen ze onderling Engels te praten in plaats van Nederlands. Tegenwoordig hebben we in ons huis een soort schizofrene Engels-Nederlands situatie. De beheersing van het Nederlands van de jongens is omgekeerd evenredig met hun plaats in de pikorde. Van oudste naar jongste is er een toenemend Amerikaans accent, waarbij de oudste heel behoorlijk Nederlands spreekt met een aardige woordenschat, maar de jongste eigenlijk geen volzin kan maken.

Aan de andere kant, hun (Amerikaans-) Engels is accentloos, in tegenstelling tot dat van hun moeder. Ik had de illusie dat ik inmiddels leuk Amerikaans meepraat, maar zodra ik bij een eerste ontmoeting mijn mond opendoe krijg ik binnen een paar woorden de vraag waar dat schattige accent vandaan komt. Zelf heb ik ernstige twijfels of er wel iets schattigs aan me is. Volgens mijn jongens is mijn Engels inmiddels alleen maar "een beetje raar" maar niet meer "niet zo heel erg". Ik denk dat ze gewoon wat milder zijn geworden...

Ondanks dat ik zelf ook aanzienlijk milder ben geworden denk ik dat ik nog steeds als 'nogal direct' ervaren wordt hier. Ik heb mezelf echt moeten aanleren - en ik moet mezelf er continu aan herinneren - om in vergaderingen niet simpelweg te zeggen: "Onzin", of "Belachelijk", of gewoon "Daar ben ik het niet mee eens". Inmiddels heb ik dit soort uitspraken vervangen (in ieder geval in de professionele sfeer) met: "Interesante gedachte, heb je ook in overweging genomen dat...", "Dat plan betreft inderdaad een belangrijk probleem, ik zou willen suggereren om ook te kijken naar....", of "Dat zou inderdaad een optie kunnen zijn, misschien zou xxx een alternatief kunnen zijn om ook te overwegen." Het nadeel voor mij is dat wanneer ik zelf zo'n soort opmerking van iemand anders krijg, ik geen idee heb of ze enthousiast of verafschuwd ze zijn over wat ik zei. Aan de andere kant, tijdens recente interacties met Nederlandse vrienden was ik een beetje geschokt over het gemak en de vrijheid waarmee ze hun opinies en kritiek uitten. (Ik denk dat zij niet veranderd zijn, maar ik ben mogelijk toch een beetje 'veront-Nederlandst'.)

Iets anders wat ik me ben gaan afvragen nu ik een tijdje hier woon betreft tolerantie. Terwijl Nederlanders de reputatie hebben vrij en tolerant te zijn, ben ik er eigenlijk niet meer zo zeker wie nou eigenlijk meer accepterend is. Ik heb het idee dat de tolerantie in het dagelijks leven hier in het algemeen vrij groot is, in ieder geval in de omgeving waar ik in leef. Dingen worden niet zo gauw gek gevonden; in mijn achterhoofd hoor ik het woord 'belachelijk' nog wel, maar in werkelijkheid eigenlijk niet echt hier. Of je nou rare kleren draagt, een truttige hobbie hebt, domme dingen zegt, er wordt niet snel gefronst en je wordt niet gauw uitgelachen (behalve als je een tiener bent natuurlijk).

En niets is onmogelijk; het optimisme en drijfveer om zakelijk succesvol te zijn is aanstekelijk. De meest onwaarschijnlijke bedrijven worden opgezet door nog onwaarschijnlijker ondernemers. Lang niet altijd heeft het initiatief iets met opleiding, ervaring of zelfs talent en vaardigheid te maken. Maar puur op initiatief en doorzettingsvermogen hebben sommige van zulke ondernemingen succes, al is het maar tijdelijk. Beter een mislukte poging dan helemaal niet geprobeerd is hier het motto. Zoals gezegd, het idee dat iedereen succesvol kan zijn is wel aanstekelijk en af en toe fantaseer ik dan ook over een eigen winkeltje, een barretje, of een leuke kunstgallerij.

We hebben geprobeerd een aantal goede Nederlandse gewoontes vast te houden: Sinterklaas (altijd uitleggen dat het hier iemand anders betreft dan 'Santa Claus', de kerstman), boterhammetjes met hagelslag, veel Goudse kaas, en ook een beetje zuinige levensstijl.
Wat we het meeste missen hier zijn de gezellige Nederlandse dorpen en steden met hun centrum met kleine winkeltjes en cafe's waar je door de straatjes kan rondslenteren en op zaterdagochtend van een kop koffie kunt genieten. Dat is echt een totaal andere winkel ervaring dan die je hier krijgt in van die enorme winkelcentra

('malls'). Het is me niet gelukt om dat te waarderen en dat maakt mij een vrij zeldzaam ras: een vrouw die *niet* graag naar 'the mall' gaat.

Een ander belangrijk - haast onverdraaglijk - gebrek is stroopwafels, de beste koeken ooit die om de een of andere reden nooit hier in de V.S. geland zijn (ik ben ervan overtuigd dat dit zakelijke kansen biedt). Maar ik realiseer me nu wel dat Nederland een enorme variatie - meestal knapperige - koekjes heeft. En dat we die consumeren met de onwaarschijnlijke hoeveelheid koffie die we gedurende de dag drinken en/of onze visite en buren schenken. Ik ben nooit echt gewend geraakt aan de Amerikaanse koekjes, aangezien ze bijna allemaal zacht zijn en met 'chocolate chips', niet mijn favoriet en een beetje saai op den duur.

Daartegenover staat dat we andere aspecten van de Amerikaanse keuken zeker zijn gaan waarderen. De keuze voor ontbijtgranen (cornflakes, muesli, enzo) is enorm en vele soorten en smaken passeren (met grote omloopsnelheid) onze keuken. Net als de meeste - misschien wel alle - Amerikanen hebben wij nu ook zo'n enorme barbeque buiten staan waar we op zonnige weekenden geduldig onze hamburgers grillen (terwijl het binnen, op het fornuis in een fractie van de tijd en met gegarandeerd resultaat gedaan zou kunnen worden), en bestellen we graag extra grote pizza's op zaterdagavond. Ook hebben we in plaats van de obligate yoghurt en vanille vla in de koelkast nu tenminste twee, maar meestal meer bakken of emmertjes ijs in onze vriezer in smaakvariaties die ik in mijn Nederlandse dagen niet voor mogelijk zou hebben gehouden.

Na al onze ervaringen komen we nu in een heel nieuw en voor ons onbekend gebied: colleges, ofwel universiteiten. Onze oudste doet dit jaar eindexamen en moet zo onderhand bedenken wat hij wil, en snel ook. De situatie duizelt ons nog een beetje, aanzien het systeem heel anders is dan in Nederland. Het doet me een beetje denken aan onze eerste ervaring in een Amerikaanse supermarkt: een overweldigende hoeveelheid keuzes, zoveel dat je eigenlijk in verwarring weg wilt rennen en je verstoppen. Onlangs hebben we ons toch maar eens voorzichtig de eerste stap gezet. Een orientatie bezoek aan maar liefst twee colleges. Het was allemaal prima verzorgd, en zag er goed uit. Ik voelde wel een beetje jaloezie op de studenten hier. Het kwam op mij meer over als een vier-sterren, volledig verzorgd vakantie oord dan als noeste studie plek, met verzorgde maaltijden, schoonmaakdienst voor de wc's en douches, artsen en alarmdiensten op de campus en zelfs gratis nachtelijke shuttles om je na te lang feesten in de stad naar je kamer terug te brengen... Een onderdeel van het 'verkooppraatje' van één van de colleges verbaasde me, schokte me zelfs met mijn blijkbaar toch nog wat Hollandse brein. Dit college in vergelijking tot anderen had de beste prijs-salaris verhouding (en bij prijs moet je dan wel denken aan zo'n tien keer de kosten van een Nederlandse studie). Het werd dus gepresenteerd als een puur financiele investering (in je kind dan wel), niet het nastreven van je dromen, wetenschappelijke interesse of maatschappelijke bijdragen...

Hoe dan ook, voordat we zover zijn moeten we voor hem nog door een jaar van highschool sport gedoe heen (voor de

andere jongens nog een paar jaar meer).
Het belang dat door de school en vele
ouders aan sport wordt gehecht - in ons
geval American football, en in iets mindere
mate basketball en lacrosse - lijkt dat van
academische of creatieve prestaties to
overtreffen. Een belangrijke reden hiervoor
is de hoop op een mogelijke studiebeurs
gebaseerd op goede sportprestaties. Een
andere reden is traditie en nostalgie van de
ouders die een paar decennia geleden zelf
op de velden aan het rondrennen waren.
Afgaande op de energie- en stressniveaus
op de tribunes kun je je afvragen wie er
meer opgewonden is over de wedstrijd:
vader of zoon. Inmiddels heb ik de regels
van football min of meer door, maar bij de
eerste wedstrijd die ik zag vond ik het de
vreemdste sport die ik ooit gezien had, veel
agressie, gegrom, elkaar op de grond
gooien zonder dat de scheidsrechters
ingrepen, veel pauzes en relatief korte
periodes met actie. Dit gecombineerd met al
die passie om me heen deed me werkelijk
afvragen wat ik daar nou eigenlijk aan het
doen was. Tegenwoordig echter word ik
toch ook wel (een beetje) opgewonden,
vooral als mijn zoon in het veld staat. Ik

ben bang dat we inmiddels het Nederlandse voetbal helemaal kwijt zijn...

Sommige Nederlandse gewoontes en instelling zal ik altijd houden, hetgeen ervoor zorgt dat ik nog steeds regelmatig in situaties kom die me met verbazing en verwondering vullen.

Zo is er een spanningsveld tussen aan de ene kant ogenschijnlijke openheid, het delen van nogal wat details van het privé leven met relatieve vreemden, en aan de andere kant een sterk gevoel van privacy en weerstand om over andere (voor mij nogal triviale) persoonlijke zaken te praten. Een recent voorbeeld had te maken met T-shirts die het bedrijf uitdeelde voor de jaarlijkse bedrijfs-picnic. In mijn poging tot efficiëntie had ik mijn secretaresse gevraagd om de T-shirts voor de hele afdeling op te halen, zodat niet iedereen dat afzonderlijk hoefde te doen. Dit liep uit op een totale mislukking en toen ik mijn secretaresse vroeg waarom, viel mijn mond open van het antwoord. Blijkbaar hadden de meesten geweigerd hun maat op te geven omdat ze dat erg ongemakkelijk vonden. Daar had ik nou echt nooit aan gedacht, dat een voor iedereen zichtbaar en overduidelijk iets als een shirt maat ervaren zou worden als een inbreuk op de privacy. Maar dat heb ik dus ook weer geleerd en zo'n fout zal ik dan ook niet meer maken. Maar ik begrijp toch nog niet helemaal waarom ik dan van sommige echt niet zulke goede kennissen soms meer details krijg dan me lief is over irritante eigenschappen van de echtgenoot, plannen om te gaan scheiden, de therapie sessies en allerlei financiële zaken.

Maar samenvattend is dit avontuur voor ons een verrijkende ervaring geweest en is alles erg goed uitgepakt. We zijn blij dat we verhuisd zijn, we hebben een prima leven hier in een mooie omgeving en een erg prettig huis van Amerikaans formaat (wel handig voor een familie van onze grootte).

In de tuin zien we dieren die ik in Nederland alleen maar in boeken gezien had. Naast herten, hazen en konijnen wandelen er ook raccoons, groundhogs, beren en een enkele coyote door de achtertuin (in wisselende mate eten ze helaas ook onze planten). In de directe omgeving hebben we mooie meren, beekjes en heuvels; prachtige natuur en dat is alleen nog maar Noord New Jersey. Een beetje reizen en je bent in een ronduit spectaculaire omgeving. En dat komt bovenop een aantrekkelijk klimaat, heel wat beter dan in Nederland. Over het algemeen hebben we mooie, warme zomers, prachtige, kleurrijke herfsten, interesante winters met mooie sneeuwlandschappen en mogelijkheden tot skiien vlakbij, en een lente die zindert van nieuw leven.

Is de V.S. echt het land van de onbegrensde mogelijkheden en echte vrijheid?

Ik weet het niet, maar het is meer dan genoeg voor ons!

~

De Auteur

Mariëtte Boerstoel-Streefland is een executive bij één van de pharmaceutische bedrijven in New Jersey. Ze is al meer dan 20 jaar werkzaam in de pharmaceutische industrie voor diverse bedrijven, en is een expert op het gebied van 'drug safety' (veiligheid van geneesmiddelen).

Ze is getrouwd met Albert Boerstoel en samen hebben ze vier zonen, Max (1993), Leo (1995), Felix (1997) en Paul (2000). Ze wonen momenteel in Boonton Township, New Jersey, Verenigde Staten.

Mariëtte is geboren in 1961 in De Bilt, Nederland en heeft haar artsen-diploma gehaald aan de Rijksuniversiteit Utrecht. Daarna heeft ze een masters diploma in epidemiologie gehaald bij McGill University in Montreal, Canada en de Rijksuniversiteit Utrecht, en een MBA aan het New York Institute of Technology.